남김없이 시들고 나면

선유서가

문득 그런 생각이 들었다
이러고 나면 나한텐 뭐가 남지?

목차

커피 한잔 할까요?	11
인디달링	12
다시, 사랑	13
행복	14
비긴어게인	17
당신도 그래요?	18
다행이다	22
같은 마음	24
왜 사랑하는 걸까?	25
누구의 잘못	26
창문	29
그래도	30
기다리는 일	33
원인	34
외로움	35
마음	38
거짓말	43
술	46
첫눈에 반한건	47
집착	48
이제서야	50
바래다 주는길	53

그는 당신에게 반하지 않았다	56
이별	58
고맙습니다	60
이별 후	64
내가 할 수 있는 일	66
위로	70
오월의 밤	72
비애	76
참아내는 일	84
반칙	87
실수	90
순간의 순간	91
발신번호표시제한	92
연애의 온도	98
불면증	99
어바웃 타임	103
I know	104
늦은후회	108
우리가 아닌 너와 나	110
다시, 봄	112
내려놓음	117
남김없이 시들고 나면	118

당신은 지금 뭘 할까?
나는 당신 생각을 하고 있는데

커피 한잔 할까요?

커피 좋아하세요? 저는 좋아하는데,
만드는 것도 마시는 것도
커피를 같이 마시는 사람까지도 나는 좋아해요
아니, 정확히 말하자면
나는 좋아하는 사람과 커피를 마시는
그 시간이 참 좋아요

제가 커피 한잔 하자고 말하는 건,
당신이 참 좋다는 말이에요

우리, 커피 한잔 할까요?

▷ Urban Zakapa - 커피를 마시고

인디달링

상대방에 대해 알고 싶을 때
나는 좋아하는 음악을 꼭 묻는다
내가 원하는 대답은 결코 평범하지만은 않아서
이 질문이 더 특별한 걸지도 모르겠지만
질문하는 순간부터 가슴이 떨려온다
상대방이 내 인디달링이길 바라며

두근두근

온전히 같은 취향을 가진 사람을 만나는 것만큼
설레는 일이 또 있을까?

▷ Julia Hart - 인디달링

다시, 사랑

너를 버리고 떠났던 날 기다려준 너의 마음
그런 나를 바라보는 흔들림 없는 너의 눈동자
진심을 알 수 없는 나와는 달리
한치의 거짓도 없는 너의 목소리
가시돋힌 내 말을 감싸주는 따듯한 너의 웃음
항상 제멋대로인 내게 한결 같던 너의 행동 하나하나

이 모든 것이 소중하고,
함께 할 수 있음에 감사한 밤이었다

행복

한겨울에도 목을 훤히 드러내놓고
다니던 사람이었지
그게 안쓰러워 털실을 사서 집에 오고 말았지
뜨개질하다 문득 좋아할 너를 생각했지

아아,
이런 게 행복이구나, 그냥 생각만 해도
미소 짓게 되는

이런 느낌 너무 오랜만이구나
너는 참 고마운 사람이구나
더 많이 사랑해야겠다

▷ 한희정 - 우리 처음 만난날

비긴어게인

늘 걷던 거리에 익숙한 노래가 흘러나왔고
나는 그자리에 멈춰섰다
내가 좋아하는 노래였다
너와 함께 본 영화의 노래였다
네가 불러주던 노래였다

나한테 그 노래는 너였다
나한테 너는 그 노래 같았다
우리의 만남은 그 노래가 흘러나오던 영화 같았다

나는 오랜만에 그 노래를 들었다
나는 오랜만에 그 영화가 보고 싶었다
나는 오랜만에 널 생각했다
나는 오랜만에 기분이 좋았다

너도 이노랠 듣는다면 나와 같을까

▷ Adam Levine - Lost Stars

당신도 그래요?

나는 파리를 생각하면 당신이 떠오르는데
당신도 그래요?

마음 한구석이 허전하게 느껴지는 건
마음 한 조각을 그곳에 두고 와서 그런 걸까요
에펠탑이 빛나던 파리의 밤하늘에
당신을 새겨두고 와서 그런 걸까요

나는 꿈에서도 파리에 가는데
당신도 그래요?

당신도,
파리의 좁은 골목길에 마음 한 줌 흘리지 않았나요
그 마음에 내가 묻어있지는 않나요
내가 파리에 두고 온 그 마음이 당신의 마음에 묻어
파리의 골목 어귀를 서성대는 걸까요

▷ 메이트 - 그리워

그래서 어쩌면 우리는

여전히 그곳에 있는 걸까요

당신과 내가 함께 했던 그 날처럼

▷ 랄라스윗 - 반짝여줘

COFFEESHOP THE doors

다행이다

평일이 좋을까 주말이 좋을까
저녁에 전화를 할까 밤에 문자를 할까
당신의 얼굴을 보고 말해야 하는데
카페가 좋을까 술집이 좋을까

고민은 끝이 나지 않았고
아무리 마음을 먹어도 입이 떨어지지 않았다
당신에게 해줄 말이 마음에 걸려
좀처럼 내려가지 않았다

체기가 가시지 않은 채 몇날 며칠을 앓았다
숨을 내쉴 때마다 가슴이 울렁거렸다
그만 토해내고 싶었다

진심을 말하고 나서야 비로소 자유로워졌다
내뱉고 나니 아무것도 아닌 일이었다
이렇게 간단한 일을 왜 그렇게 혼자 끙끙거렸는지

진심이 있는 그대로 전해지지 않을까 봐서
혹여 오해하지는 않을까 해서
한 번도 말하지 못했던 진실, 그때의 마음

진심으로 받아줘서, 솔직하게 답해줘서
고맙다 당신
이제 웃으며 이야기할 수 있어서
다행이다 우리

▷ 정키 - 내가 할 수 없는 말 (Feat.나비)

같은 마음

같이 걷고 싶다
같은 음악을 듣고 싶다
같은 곳을 바라보고 싶다
같은 이야기를 나누고 싶다
같은 꿈을 꾸고 싶다
같은 마음이고 싶다

너랑

▷ 안녕하신가영 - 좋아하는 마음

왜 사랑하는 걸까

우리는 원하는 게 뭘까
서로에게 바라는 게 뭘까
우리가 왜 헤어지지 못하는 걸까
서로 상처만 주는데 왜 사랑하는 걸까
사랑하긴 하는 걸까

누구의 잘못

친구에게 물었다
정말로 지금 내가 이러는 게 나 때문인 거냐고
내 마음의 문제인 거냐고
그 사람과 내가 삐걱거리는 게 정말로
그 사람 때문이 아닌 거냐고

친구는 말했다
너희는 처음부터 잘 맞지 않았다고
그동안 너는 오래도록 참아왔다고
그런 너를 보는 자신의 마음도 아팠다고

나는 아직도 모르겠다고 했다
우리가 이렇게 된 게 누구의 잘못인지
어디서부터 잘못 된 건지
나는 처음부터 알고 싶지 않았는지도 모른다고

그저 외면하고 싶었는지도 모른다
사실은 누구보다도 잘 알고 있었으면서
그 손을 놓지 못해 이렇게 서로를 아프게 했는지도

▷ 브로콜리너마저 - 마음의 문제

창문

헤어지고 싶은데 헤어지지 못하고 있는 나에게
누군가 그랬다

헤어지자고 말하는 게 힘들어서 말 못 하는 건
네가 힘든 게 아니라 그 사람이 힘들어야 할 문제를
대신 힘들어 해주는 거니? 그러면 좀 나아지나?
나도 좀 힘들어 해줬으니까 이 정도 했으면 되겠지,
뭐 그런 문제인가?

머리를 한 대 맞은 기분이었다
연인이 헤어진 후의 상처들은 각자 알아서 할 일이다
내가 상대의 몫까지 아파해 줄 수도 없겠지만
그러려고 애쓸 필요도 없다는 얘기다
각자 자기가 한 사랑에 대한 흔적들은
알아서 하면 될 일이다
그 얼룩들을 지워내는 것도, 그대로 남겨두는 것도
각자의 선택이다

나는 앞으로 내 마음의 창문만 신경 쓰기로 했다

▷ 타루 - 여기서 끝내자 (with 짙은)

그래도

어제가 무슨 날이었는지, 오늘은 무슨 날인지
내가 잘 지내고 있는지 아프지는 않은지
너는 알 리가 없겠지
알고 싶지도 않겠지
열두시 땡 하는 순간부터 다음 날이 될 때까지
단 한 순간도 너를 기다리지 않은 시간이 없다는걸
너는 모를 테지
지금도 이렇게 애가 타게 너를 기다리는 날
너는 생각조차 않겠지

그래도 보고 싶다

▷ 랄라스윗 - 우린 지금 어디쯤에 있는걸까

너한테 내가 아무것도 아니어도 난

네가 좋다

기다리는 일

강의가 끝나기가 무섭게 뛰쳐나간 곳엔
나를 기다리는 사람이 있었다
한 시간이나 기다렸다며 피곤해하는 그 사람을 보면서
그 사람을 기다리던 내 모습을 떠올렸다
나도 저런 표정이었을까?
그는 나를 기다리는 시간이 힘들어 보였는데
나는 그를 기다리던 시간이 행복했던가?
나는 이렇게나 미안한 마음이 드는데
그는 늘 기다리는 날 보며 미안해했던가?

우리는 서로 같은 마음일까?

원인

뭔가 서럽고 서운하고 우울하고 속상하고
그 와중에 보고싶은 단 한 사람이
이 모든 것들의 원인인 너라는 게 참 우습다

▷ 스웨덴세탁소 - foggy

외로움

오늘도 나와의 약속을 어긴 그 사람이
되려 내게 투정을 부린다
일이 너무 힘들다며
살고 싶지 않다는 말을 하는 그에게
나는 아무것도 해 줄 말이 없었다

만나는 내내 기다리는 일이 일상이 되어버린 나는
더는 기다리지 않겠다고 했다
너와 약속같은 것은 다시는 하지 않겠다고
너에게 그 무엇도 바라지 않겠다고

내가 너에게 해 줄 수 있는 건
네가 내게 바란 것과는 많이 달라서 우리는 힘든 걸까?
나는 너를 기다리는 것 외엔 해줄 게 없어서
너는 나를 기다리게만 하는 사람이어서
서로를 이토록 외롭게 만드는 걸까

외롭다

네가 곁에 있어도 나는 너무나 외롭다

마음

빗소리에 밤잠을 설쳐 조금 피곤했고
퇴근 후엔 혼자 쇼핑을 하고
밤엔 좁은 내방 침대에 누워
그의 연락을 기다렸다

하루 24시간이 흐르고
요일이 하나둘 바뀌고
그렇게 한 주가 지났지만
그에게선 소식이 없었다

아니,
그에겐 마음이 없었다

▷ 박원 - 나를 좋아하지 않는 그대에게

난 매일 그 순간에 서 있고
넌 내게 가시 같은 말들을 뱉어내
난 서 있을 힘조차 잃어가고
넌 그렇게 사라졌어

거짓말

그동안 참아왔던 눈물이 봇물 터지듯
그렇게 터져버려서
보고 싶었단 말 한마디 조차 못 할 만큼
그렇게 목이 메어서
그가 하는 말 따윈 들리지 않았다
아무리 싫다고 날 밀어내고 밀어내고 밀어내도
난 들리지 않았다
난 듣지 않았다

모두 거짓말일 테니까

사랑은 그랬다
너무도 작은 틈으로 이별이 스며들어
한순간에 무너지고
함께한 시간들이 어느날 거짓말이 되는
너와 나의 사랑은 그랬다

술

술에 취해,
그대의 달콤한 말에 취해 꿈을 꾸고 말았습니다
기억했으면 좋겠다 했지요
차라리 기억하지 못하는 편이
덜 아플지도 모르겠습니다
그대와의 기억 때문에 난 너무 힘이 드네요

▷ 디어클라우드 - 사라지지 말아요

첫눈에 반한건

첫눈에 반한 건 그대가 아니고 나였습니다
이런 감정이 낯선 건 그대가 아니고 나였습니다
진심으로 사랑한 건 그대가 아니고 나였습니다

우리의 시간이 힘든 건 내가 아니고 그대였습니다
마음이 떠난 건 내가 아니고 그대였습니다
헤어지자는 말을 해야 하는 건
내가 아니고 그대였습니다

그대는 날 행복하게 해줄 자신이 없다고 했지요
나는 그대 없이 살아갈 자신이 없었습니다
그대를 만난 그날 부터

집착

어디서부터 돌이켜야 할까
처음 만난 그 순간부터 돌이켜야 할까
처음으로 헤어지자던 그 순간부터 돌이켜야 할까

그랬다면 이렇게 아프지 않았을 테지
그랬다면 이렇게 사랑하지 않았을 테지
이렇게 많은 추억들 없었을 테고
이런 행복 느끼지 못했을 거야

그럼 어디서부터 잘못된 걸까?
헤어지자고 하는 걸 싫다고 한 게 잘못이었을까
밀어내고 밀어내도 매달리고
놓지 않은 게 잘못이었을까

정말 힘들어서 헤어지기 원하는 데
나만 좋자고 붙잡은 건 아닌지
문득 그런 생각이 들어
사랑한다는 그 이유만으로
당신을 너무 힘들게 한 것 같다고

너무 힘들고 지쳐서 사랑할 힘조차 없는 사람을
내가 너무 몰아세운 걸까?
그래서 나도 이렇게 힘든걸까

서로 지쳐서 질릴 때까지 붙잡고 끝을 봐야 하냐고
당신이 그랬지
난 왜 그렇게 생각이 없고 철이 없었는지
어쩜 그렇게 내 생각만 했는지
참 바보 같다

생각하면 생각할수록 내가 너무 미안해

▷ 바닐라 어쿠스틱 - 사랑이 이별보다

이제서야

문득 그런 생각이 들었다
너는 그냥 스쳐 가는 사람은 아니었구나
흘러가는 사람인 줄 알았는데
내 마음 한구석을 내어 준 사람이었구나
괜찮다, 괜찮다 했는데
나는 하나도 괜찮지 않았구나

나는 그걸 이제야 알았네
너를 안 시간만큼 시간이 또 흐른 뒤에야
네가 어떤 사람이었는지
나한테 어떤 존재였는지를

이제서야

▷ 가을방학 - 언젠가 너로인해

바래다 주는 길

이별은 너무도 갑자기
정말 별것도 아닌 일에서 벌어졌다
자주 가던 파스타 집에서 늦은 점심을 먹고
늘 그렇듯 보고 싶었던 영화를 함께 보고
집에 가기 위해 전철역에 도착한 나는
그에게 집에 데려다주지 않겠느냐고 물었다

결론만 말하자면 난 혼자 집에 왔고
그게 우리의 마지막이었다
우습지만 그때는 그랬다
이렇게 사소한 일에도 이별이 있을 수 있었다

그래서일까
그 후로 집에 바래다주지 않는 사람은
만나지 않았다

그럼 너무 불공평하니까
그 사람에게 미안하니까
아마 앞으로도 쭈욱, 나는 그럴 것 같다

집에 바래다주지 못한 게
두고두고 미안했다는 너의 말이
그래서 다른 누구도 바래다주지 못한다는 너의 말이
두고두고 가슴 아프겠지

그는 당신에게 반하지 않았다

전부터 보고 싶던 영화였지
나는 너를 졸라 영화관에 가서
결국 보고야 말았어
그리고 이내 깨달았어
오늘 내가 너에게 할 말이 무엇인지

나는 더 이상 너를 사랑하지 않는다고 했어
나는 더 이상 너를 기다리지 않겠다고 했어

너는 세상을 다 잃은 것 같은 표정을 하고는
내게 말했어
장난하지 말라고, 하나도 재미없다고
나는 아무 말도 못 하고 그저 눈물만 삼켰어
내가 손에 껴있던 반지를 빼자
그제서야 너는 알았던 게지
아무리 애원해도 달라질 건 아무것도 없다는 걸

나는 미안하다고 말했고
너는 후회되면 돌아오라고 말했지만
나는 아무런 대답도 하지 못했어

후회되면 찾으러 갈게
내가 이것밖에 안 되는 사람이라 정말 미안해
많이 아프진 말았으면 해

이별

말하는 입술이 떨렸다
그를 보는 눈에 눈물이 고였다
내가 할 수 있는 건 이 상황을 빨리 정리하는 것뿐이었다
그게 내가 그에게 해줄 수 있는
마지막 배려라고 생각했다
내 말을 듣고 있는 그는
하늘이 무너진 것 같은 표정을 지었지만
난 멈추지 않았다

오늘이 아니면, 지금이 아니면 영영 하지 못할
것만 같아서 마음을 다잡았다
나는 아주 천천히, 그리고 자세히 얘기해 주었다
우리가 이별해야 하는 이유에 대해

길고 긴 이야기가 끝나고 그는 물었다
우리가 지금 헤어지는 게 맞느냐고
다들 이렇게 헤어지느냐고
아무리 생각해도
우리는 지금 헤어지는 사람들 같지 않다고

▷ 가을방학 - 가끔 미치도록 네가 안고 싶어질 때가 있어

이별이 헤어지자는 말 한미디로
끝날 사이는 아니었나 보다고
나는 얘기해주고 싶었다고
우리가 왜 헤어져야 하는지
내가 그동안 왜 힘들어했는지
당신이 어떤 사람이었는지
이유도 모른 채 이별하게 하고 싶지 않았다고

그것만큼 사람을 오래도록 괴롭히는 건 없으니까

고맙습니다

두서없는 나의 넋두리를
묵묵히 들어준 그대
끝까지 좋은 사람이었다고
많이 사랑하였다고
한순간도 진심이 아닌 적 없었다 말해줘서
나는 당신이 언제까지나 고마울 것 같습니다

그대 때문에 많이 힘들고 괴로웠지만
그대가 있어 너무 행복한 나날이었습니다
그대와의 소중한 추억 잊지 않겠습니다
나 또한 그대의 추억 속에
따뜻한 풍경으로 남았으면 좋겠네요
부디 행복하세요

▷ 10cm - Fine Thank You And You

나는 알고 있었다

잊어도 잊은 게 아님을

지워도 지워진 게 아니 였음을

이별 후

가슴 한구석에서 너를 억지로 떼어낸 그 날부터
나는 아팠다

처음엔 떼어낸 곳이 욱신거리더니
이내 온몸에 열이 오르기 시작했다
열은 쉽사리 내리지 않았고, 나는 열병처럼 아팠다

그렇게 한차례 고통이 지나가고는
며칠 동안이나 잠이 오지 않았다
불면증이 나를 지독하게도 괴롭혔다
아침이 돼서야 겨우 쪽잠을 자는가 싶으면
이내 악몽을 꾸었다

아무것도 먹고 싶지 않았다
나는 오래도록 아팠다
그 후로도 한참이나

그치만 그런 통증 때문에 힘들거나 괴롭진 않았다
나는 아파야 했으니까
너를 떼어낸 그곳이 다 아물 때까지
온전히 혼자 아파야 하니까
그래야 내가 너를 보낼 수 있을 테니까
이게 내가 감당해야 할 몫이니까

내가 할 수 있는 일

네가 떠나고 내가 할 수 있는 일은
그냥 사는 거야

아침이면 눈을 뜨고 때가 되면 밥도 먹고
가끔 친구들도 만나
집에 있을 땐 드라마를 보거나
사놓고 읽지 않았던 책들을 뒤적거려
주말엔 친구를 졸라 영화도 보고
가고 싶던 예쁜 카페도 갈거야
그래도 기분이 나아지지 않으면
닥치는 대로 옷을 사
예쁘게 화장도 하고 사진도 찍겠지
나는 아마도 괜찮을 거야
늘 그랬던 것처럼

그러다 네가 생각날 땐
우리가 같이 듣던 노래를 들어
네가 내 안에서 사라질 때까지
그 노래를 듣고 듣고 또 듣다
더 이상 눈물이 나지 않으면 잠이 들도록

어떤날은 너와의 추억을 껌처럼 곱씹다
피식 웃음도 나겠지
그러다 이내 네가 보고싶어지면 난 소리내 말할거야
보고싶다고
수십번 수백번 말할거야
어차피 너는 듣지 못할테니까

나는 이렇게 너를 생각하고 또 생각할 거야
이게 내가 할 수 있는 일의 전부니까

기다리면 오나
믿어주면 달라지나

위로

어릴 땐 위로가 뭔지 잘 몰랐던 것 같다
난 항상 곁에있는 누군가를
착한말로 위로하기에 바빴다
이해하지 못해도 이해하는척
몰라도 다 아는척
나도 너만큼이나 아프다는 위로가 아닌 위선들

나 역시 힘든 시간들이 있었고
누구보다도 위로가 고팠다
그러나 그 어떤 말로도 난 위로받지 못했다
오히려 상대방의 마음없는 목소리가
나를 더 외롭게 만들었다

나는 왜 몰랐을까
네가 내 곁에 있다는 게 가장 큰 위로였다는 걸

▷ 브로콜리너마저 - 사랑한다는 말로도 위로가 되지않는

생각해보면 너는 항상 내 옆에 있었는데
내가 기분이 좋을때에도, 아플때도, 화가났을때마저
너는 나를 내버려 두지 않았는데
내 곁을 항상 지키고 있었는데
나는 그게 너무 익숙해서 몰랐던 걸까
네가 내 곁에서 내 얘기를 들어주는게
너무 당연했던걸까

모르겠어
대체 왜 나는 이런 너를 그렇게나 힘들게 했는지

오월의 밤

퇴근길,
집 앞에 장미가 내 마음을 붙잡았다
꽃잎을 따서 주먹 쥔 손 위에 올려놓고는
세게 내리쳤다

딱 –
장미꽃 터지는 소리

오월이 끝나가던 무렵
장미꽃을 터트리던 그때가 떠올랐다
그 소리가 너무 신기해
수 없이 꽃잎을 터트렸던 밤

그 예쁜 꽃이 어쩜 이런 소리를 내는지
그땐 뭐가 그리도 좋았는지

▷ 에피톤프로젝트 – 이화동

그래, 네 말이 옳았어
한 달이 일 년을 이길 수는 없다고
그 짧은 시간이 그 긴 세월을 어찌하진 못한다고
그 수많은 추억들을 가진 우리가 질 리가 없다고
울부짖던 너

그땐 왜 몰랐을까
시간이 전부가 아니라고 생각했는데
너는 자꾸만 그 시간 속으로 나를 데려가
네가 없이 나는 그 시간을 견딜 수가 없는데
너는 하루에도 몇 번씩 내 마음을 어지럽힌다

오늘같이 장미꽃이 흐드러지는 오월의 밤엔 유난히도

▷ 랄라스윗 - 오월

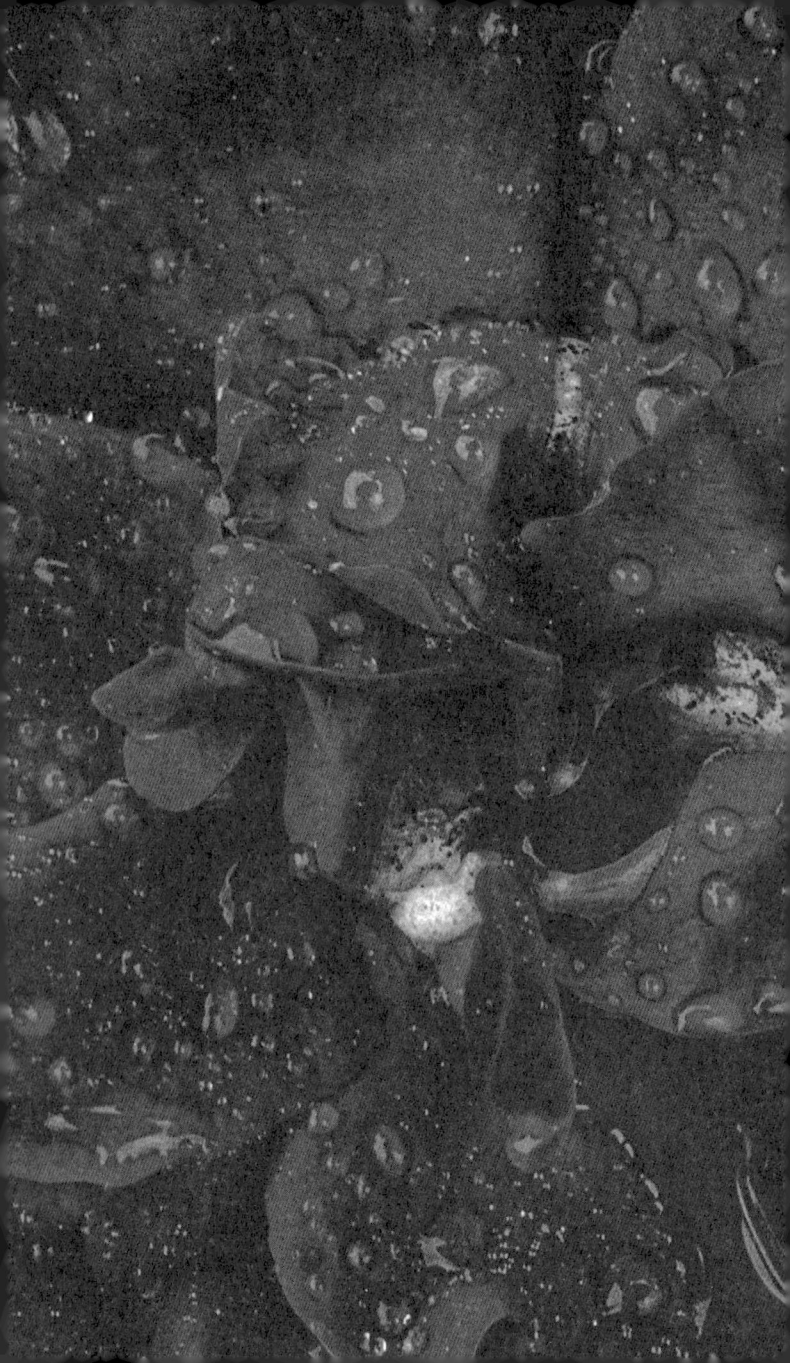

돌아갈 수 없어, 아무리 간절히 원해도

　　　되돌릴 순 없는 거야

비애

비가 온다
너를 처음 만나던 날에도 비가 왔었다
일 년 전 오늘도
사는 게 지겹고 하루하루가 무료했던 그때에도
내 곁엔 네가 있었다

그 많은 시간들을
그 많은 사건들을
소소한 이야기 하나하나까지도 함께해준 너였다

너는 나에게 그런 사람이었다
내 하루의 전부였고
내 마음의 전부였으며
내가 잠을 자고 눈을 뜨는 이유였다

함께 하는 게 너무 익숙해져 버린 사람
눈빛만 봐도 다 알아서 속일수 없는 사람
그래서 너무 많은 상처를 줘버린 사람

어쩌면 좋을까
노래 하나에 네가 생각나 버렸다
이 비냄새에 그때의 시간들이 되살아나 버렸다
너와 함께했던 모든 게 내 머릿속을 헤집고 다닌다
내 마음을 헝클어 놓는다

이 비가 그치면 괜찮아 질까

이젠 돌이킬 수도, 돌아갈 수도 없는데

자꾸만 너는 날 흔들어

나는 절대로 너를 벗어날 수 없어

참아내는 일

다 부질없다는 말
이럴 때 쓰라고 있는 건가

그렇게나 힘겹게 너를 참아왔는데
널 생각하며 견뎌왔는데
이제 와 무슨 소용인 걸까

내가 할 수 있는 건 지금처럼
너를 참아내는 일 뿐인데

▷ 몽니 - 언제까지 내맘속에서

오늘도 나는 너를 생각했다
오늘도 나는 너를 삼켰다
오늘도 나는 너를 뱉어내지 못하였다
아마도 나는
못하겠지

반칙

왜 눈물이 났는지 모르겠다
그냥 나도 모르게 눈물이 흘렀다
노래가 슬펐던 것도 같고
네 생각을 했던 것도 같고
그냥 슬펐던 것도 같고
밤이 깊어서 그랬나

아,
술 생각이 나서 그랬나
늦은 밤 술 한잔 함께할 사람이 없어서 그랬나 보다

너는 왜 아직도 이렇게나 아픈지
왜 나는 생각지도 못했던 순간에서 널 마주하게 되는지
너는 왜 아무런 예고도 없이 내앞에 나타나는지

마주하고 싶지 않았다
시간이 흘러 세월이 지나고 나면
그즈음 한번 들춰보리라 그렇게 마음먹었었다
이건 엄연한 반칙이다

▷ 10cm - 그게 아니고

무슨 말을 해야 할지, 어떤 표정을 지어야 할지
난 아직 답을 찾지 못했어

실수

네가 내 옆에 있을 땐 알지 못했어
네가 나에게 어떤 존재인지
네가 내 속에 얼마나 들어와 있는지
내가 너에게 얼마나 길들여져 있는지

이제 조금은 알 것 같아
나는 너를 너무 믿었던 거야
네가 날 떠나지 않을 것임을 의심치 않았어
항상 내 곁에 머물 것임을 의심치 않았어

실수야
내 오만함이 불러온 실수

▷ 스웨덴세탁소 - 답답한 새벽

순간의 순간

내가 생각조차 하기 싫을 만큼 끔찍한 순간들
네가 생각조차 하기 싫을 만큼 끔찍한 순간들

그래 다 순간이야, 지나가면 그뿐일

발신번호표시제한

넌 아무런 말도 하지 않았다

수화기 너머로 약간의 흐느낌만이 느껴졌을 뿐

▷ 마이 앤트 메리 - 공항 가는 길

목소리라도 들어둘걸
또 언제 들을 수 있을지 기약도 없는데
그대를 언제 볼 수 있을런지 알 수도 없는데
그대 목소리나 실컷 들어 둘 것을

▷ 마이 앤트 메리 - 4시 20분

추억은 힘이 세다

시간은 무섭고

기억은 더욱 선명해질 뿐

이상해
아무렇지 않은데
생각도 잘 나지 않는데
그런데 추억은 아파

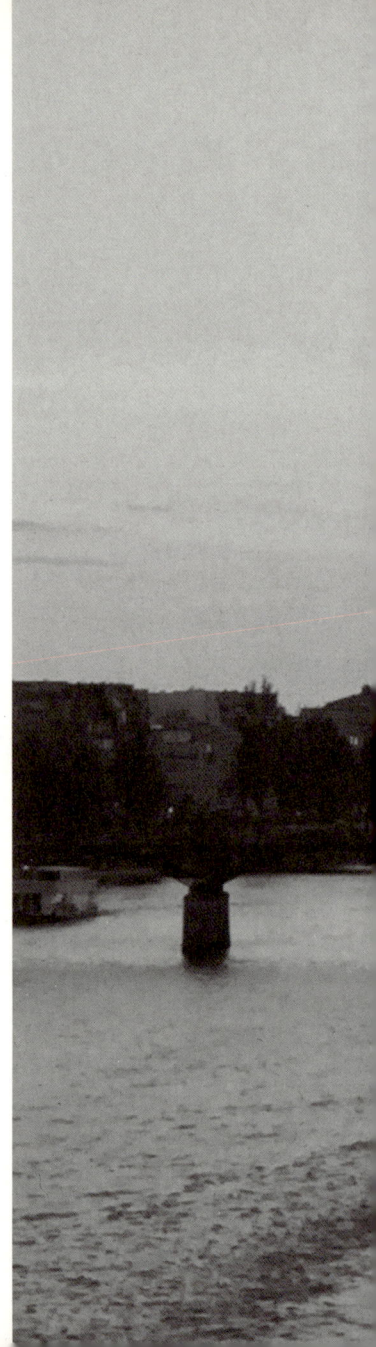

연애의 온도

영화를 보는 내내 생각이 났다고
그건 마치 우리의 이야기 같았다고
참 오랜만에 눈물이 났다고
같이 보지 않길 잘했다는 너의 말이
참 아프다

▷ 스탠딩에그 - 시간이 달라서

불면증

한동안 오지 않던 잠은 요 며칠 잘 찾아와 주더니
오늘은 또 잠이 오지 않는다
너 때문일까?
그리 많이 힘든 것은 아니다
하루에 몇 번씩 생각은 나고 이따금 보고 싶어 지지만
그렇다고 숨이 멎는 것은 아니니

참으로 사람 마음이란 이렇게 무섭다
너 없인 하루도 못 살 것 같더니
이렇게나 멀쩡히 살고 있으니

허나 그 자리가 다른 것으로 채워지진 않는다
누굴 만나도, 무엇을 보고 들어도
결국 그곳엔 네가 있다
나는 항상 너를 만나고, 너를 생각하고, 너를 추억한다
가끔은 오지 않은 미래를 그려보기도 한다

결국은 오지 않겠지
잠도 오지 않는 이 밤처럼, 너도

어바웃타임

시골로 내려가는 기차에서 난 너를 생각했다
네가 나를 보러 오던 그날을 떠올렸다
너무 많은걸 잃어버린 기분이다
그때의 너와 내가 그립다
그런 시간은 다시 오지 않겠지

잘 지내니?
보고싶다

I know

돌이켜 생각해보면 모든 순간이 거짓은 아니었다
결과가 어찌되었든 그때의 그 마음을 부정 할 순 없다

시간이 지나야만 깨닫는 것들이 있다
그땐 이해할 수 없던 많은 것들이 어느 날 갑자기
한대 맞은 것처럼 정신이 번쩍 드는 날이 있다

사실 나는 너무나 잘 알고 있다
문제의 시작도 끝도 모든 게 나 때문 이라는 것을
하지만 나는 늘 그래왔던 것처럼 책임을 회피했다
너를 몰아세우고 말로 생채기를 내고
다른 선택은 할 수도 없게 여지를 주지 않았다
계획대로 넌 나에게 상처를 주고
내가 바라던대로 나쁜 사람이 되주었다

나는 알고 있다
너는 나를 진심으로 대했고
나에게 사랑받길 원했고
그 사랑을 얻지 못해 힘들어 했음을

나는 알고 있다
너를 진심으로 사랑하지 않았고
그럴 준비조차 돼있지 않았음을

나는 알고 있다
상처를 준 사람도 너를 그렇게 만든 사람도
사실은 네가 아니라는 것을

나에겐 너를 비난할 자격 같은 건 있을 수 없다는 것도
너를 원망해서는 안 된다는 것도
말하지 않았지만, 나는 알고 있었다

나 때문에 상처받게 해서
나쁜 사람 만들어서
더 많이 사랑해주지 못해서
미안하다 그대

늦은후회

책을 읽다 문득 서글퍼지는 밤입니다
밖은 불꽃놀이가 한창인데
나는 그대가 없어 갈곳을 잃었으니
창가에 앉아 밤하늘을 바라 볼 뿐입니다
아마 그대도 그렇겠지요
오늘 같은 날은 함께였다면 참 좋았을 텐데요
그대와 내가
아직 우리라는 이름이었다면 분명
함께 했을 테니까

▷ 박원 - 이럴거면 헤어지지 말았어야지

단 하루도 너를 생각하지 않은 날이 없다고
나는 여전히 네가 그립다고
그렇게 말하면 너는 믿어줄래?

우리가 아닌 너와 나

너를 만나고 돌아오는 길
나는 마음 한구석이 허전해서 가슴을 쓸어내렸어
이제 우린 우리가 아닌 너와 내가 됐다는 게
더 이상 그때의 우리가 아니라는 게 너무 슬퍼서

친구가 필요했던 거 같아
내 얘기를 들어주고 내 마음을 읽어줄

어쩌다 우린 이렇게 껍데기만 남았을까
아무런 의미도 감정도 없는 말을
주고받는 사이가 됐을까

나는 이야기를 하고 싶었어
우리의 이야기
너와 나의 이야기

결국 난 한마디의 대화도 하지 못한 채
너를 등지고 돌아섰지

▷ 언니네 이발관 - 애도

정말 미안했어
그리고 고마워
잊지 않을게

그 시간동안 한순간도 고맙지 않은 적이 없었다고
그 후로 항상 미안한 마음 잊지 않았다고
이 말이 하고 싶었는데

넌 참 좋은 사람이었어

다시, 봄

나 생각나
봄이 오면 다시 그 사람에게 갈 거냐고 묻던 너
그땐 대답하지 못했지
아니, 그게 대답이었는지도 몰라
넌 알고 있었겠지
그래서 난 마음이 무거웠어
내가 꼭 그럴 것 만 같았거든

근데 있잖아, 봄이 왔는데 나 그 사람 생각이 안나
정말 이상하지?
이럴 줄 알았다면 아니라고 대답 했을 텐데
그랬다면 우린 좀 덜 힘들었을 텐데

너는 알고 있을까?
내가 이렇다는거

▷ 디어클라우드 - 늦은 혼잣말

벌써 계절이 세 번 이나 바뀌고
다시 봄이 왔는데
너는 어디에 있니
난 여전히 아무것도 할 수가 없는데

시간이 지나고 세월이 흘러도
풍경은 변하고 기억은 바래도
너는 거기에 있고, 나는 여기에 있겠지

내려놓음

너로 인해, 그 어떤 말들로 인해
상처 받았던 나의 마음이 아물어 감을 느낀다
달력의 마지막장을 넘길때까지 정리되지 않던 마음들이
눈처럼 켜켜이 쌓였다 녹아내린다
너의 마음도 그러하길
나로 인해 혹시나 마음의 짐이 됐다면
이제는 내려놓길
내가 그대를 내려놓음같이

남김없이 시들고 나면

나는 그랬다
그 사람이 나를 사랑하지 않는다는 것을 알았다
더이상 우리가 행복하지 않다는 것도
우리가 곧 헤어질 거라는 것도

나는 그랬다
앞으로의 우리를 너무도 잘 알고있었다
얼마나 많은 상처와 눈물이 남을지
내가 얼마나 아파해야할지

그래서 놓지 못했다
그 사람이 나를 사랑하지 않는다는 사실보다
내 곁에 그 사람이 없는 시간을
견뎌낼 자신이 없어서
그 수많은 상처를 혼자
눈물로 닦아내고 싶지 않아서
그 순간이 영영 끝나지 않을까봐서

길고 차갑던 겨울이 지나서야 나는 알게 되었다
결국은 그렇게 될 일이었다는 걸

곁에 누군가가 있다고 해서 외롭지 않은건 아니라는 걸
아무리 애를 써도 나는 혼자가 된다는 걸
내가 견뎌내지 못 할 것만 같던 시간도
결국은 지나간다는 걸
그가 남기고 간 상처가 흉터로 남아 지워지지 않아도
더이상 아프지는 않게 된다는 걸

남김없이 시들고 나면
사라질것만 같던 그 모든 것들이
온전히 남아 봄을 기다리고 있었다
그가 떠나도, 내가 혼자여도,
남김없이 다 시들어 버려도
나는 사라지지 않았다
나는 내가 선 자리에 뿌리를 내리고
힘차게 봄을 맞이했다

남김없이 시들고 나면
괜찮아질 거예요

이제는 너가 그립지도, 보고싶지도, 생각나지도 않아
더이상 너가 밉지도, 싫지도 않아
날 아프게 했던 모든 행동들, 이젠 다 잊었어
이제 나, 괜찮아

나에겐 너에게 할 말 같은 건 존재하지 않아

그저 그리울 뿐이지

남김없이 시들고 나면

1판 1쇄	2016년 12월 25일
2판 1쇄	2020년 10월 25일
3판 1쇄	2022년 4월 1일

글	북씨 @ggobookc
사진	Miliutina Tanya @sputn2k
디자인	이희진 @loobrs
펴낸곳	(주)디홀릭
출판등록	2019년 6월 24일 제 2019-00124호
주소	서울 영등포구 양평로30가길 22 1층 1호

ISBN	979-11-969319-3-3
값	11,000원

ⓒ 북씨, 2016

선유서가는 (주)디홀릭의 출판 브랜드입니다.
이 책의 판권은 지은이 북씨와 출판사 (주)디홀릭에게 있습니다.
이 책 내용의 전부 또는 일부를 재사용 하려면 반드시 서면 동의를 받아야 합니다.